I0048871

GANAR DINERO EN LÍNEA EN 2020

¡DESCUBRE LOS SECRETOS UTILIZADOS POR LOS PRINCIPALES VENDEDORES EN LÍNEA PARA GANAR MILLONES! TU GUÍA PASO A PASO PARA GENERAR DINERO EN LÍNEA, CONSTRUIR FLUJOS DE INGRESOS PASIVOS, Y RETIRARSE RICO A TRAVÉS DEL INTERNET - LA GUÍA PERFECTA PARA PRINCIPIANTES

PABLO AVITIA

información contenida en este documento, incluidos, entre otros, - errores, omisiones o inexactitudes.

ÍNDICE

INTRODUCCIÓN

En pleno siglo XXI existe un deseo frecuente de quienes componemos la estructura social moderna, este es el deseo ferviente de lograr un buen nivel de estabilidad financiera, sino más aun, la completa libertad en el área de las finanzas, esto dentro de otro contexto histórico podría haber significado de alguna manera un camino sin duda al excesivo trabajo de por vida, dicho de manera popular, se trataba de reventarse el lomo.

El más grande detalle que tiene nuestra era particular es que más allá del deseo por la libertad financiera tenemos un deseo más que enorme por lograr libertad en todos los ámbitos, queremos mantener un buen nivel financiero, pero también contar con el tiempo necesario y suficiente para que nuestras vidas puedan tener un nivel de libertad muy amplia, por ejemplo tener mucho tiempo que es el recurso invaluable con el que contamos.

Entregar toda nuestra vida a una estructura laboral que por lo general consume nuestro tiempo y que en algunos casos implica más que tiempo la salud misma; se nos ha vuelto casi imprescindible lograr desprendernos de todo ese sistema que se queda con gran parte de nuestras vidas.

Por esta razón nuestra generación se ha convertido en una generación inconforme, esa generación que desea ir más lejos y aventurarse por senderos muchas veces oscuros, pero que podría otorgar beneficios muy amplios, pero igualmente podría lanzarnos por un precipicio.

Este precipicio podría ser consecuencia del desconocimiento del mundo al cual nos estamos adentrando, muchos en su afán por salir de su zona de confort y aventurarse hacia el mundo de las inversiones sin la menor preparación, sino que muchas veces basadas en su emoción y en la urgencia de libertad que requieren, corren peligros incluso de quedar completamente en ruinas, pues la aventura que asumen sin estar listo para ello los toma por sorpresa y les ocasiona daños que podrían ser irreparables.

Lograr la independencia financiera y la plena libertad de la vida es una tarea sin lugar a duda urgente, y es fantástico que nuestra generación este completamente preocupado por ella, pero no deja de ser cierto que se requiere estar completamente listo para tomar riesgos como estos y no agotar en un intento emocional nuestros posibles pocos recursos que pueden sernos tan útil para llegar donde deseamos llegar.

Sí, claro que requiere trabajo, y un trabajo arduo de hecho con mayor ahínco porque se trata del trabajo con el que alcanzaras tu sueño, por lo general cuando tenemos un patrón durante las horas que pueda ocupar nuestra jornada laboral, queremos dar todo de nosotros con el fin de lograr complacer y estar a la altura de las exigencias del jefe, pues cuando tu jefe eres tú mismo tienes un mayor motivo para dar el todo, pues se trata de tu futuro, de tus sueños, sobre todo tu futura libertad.

Es que a pesar del enorme esfuerzo que debes dar, estas garantizando que ese esfuerzo del principio se convertirá en el éxito, la libertad y el tiempo que has soñado para lograr una vida como la que tanto anhelas.

En qué área debes emprender es el gran problema que ocupa a muchas personas, por ello suelen suceder los errores de los que ya hemos hablado, por suerte, contamos con uno de los elementos y herramientas más versátiles que podamos tener para dar el salto de una vida de esclavitud a una vida de libertad justo al alcance de nuestros dedos; la herramienta de la que estamos hablando sin duda alguna que es el internet.

Tan satanizado por algunos sectores de las sociedad, tan incomprendido, y tan mal utilizado, que muchos ni sospechan que esta herramienta podría ayudar a dar un salto cuantitativo y cualitativo a su vida, y digo mal utilizado sin temor a equivocarme, es que incluso puedo asegurar que subestimado, el mundo del internet podríamos compararlo con un universo paralelo en el que puedes ingresar y trascender más allá del entretenimiento y los beneficios comunicacionales que por excelencia este ha significado, y convertirse en tu gran oportunidad de salir de tu zona de confort y lograr la libertad que tanto has soñado.

Sin embargo uno de los problemas que pudo representar históricamente el obstáculo para que muchos lograran definitivamente lanzarse al mundo de la inversión, fue sin duda alguna el factor capital, solo unos pocos eran capaces de asumir riesgos que pusieran en peligro el mediano nivel de vida que podrían tener, no todos eran capaces de hipotecar su casa o vender su automóvil, asumir grandes compromisos con entidades bancarias para luego iniciar en el mundo de los negocios.

Por eso este tiempo histórico es completamente para ti, que tienes deseos de salir del estado de conformidad y deseas ir mas allá, voltear la mirada hacia acá, hacia el mundo de internet, esta herramienta es una empresa portátil, exactamente así, un mundo de negocios se abre ante ti con esta herramienta.

Lo mejor de todo es que aquí hay de todo y para todos, es decir, no hacer negocios a través de internet seria solamente no tener ganas de hacerlo, pues el mismo tiempo que ocupas luego de tus tareas en pasar tiempo colocado frente a la pantalla de un ordenador o teléfono celular haciendo uso de estos mecanismos para asuntos de entretenimiento, lo puedes utilizar efectivamente para ganar dinero.

Entre los miles de beneficios que puedes encontrar es que para iniciar en los negocios a través de este mundo no tienes que dejar (si así lo deseas) lo que estas haciendo ahora mismo, sino que puedes llevarlo como algo verdaderamente progresivo, una de las mayores ventajas es que para llevar a cabo este propósito podrías incluso no invertir ni un solo centavo, tal como lo estamos diciendo, puedes empezar a construir tu futuro usando esta herramienta sin necesidad de invertir nada o con una inversión muy baja.

Las formas o métodos a través de los cuales puedes empezar a monetizar por medio de esta herramienta fantástica podrían variar de acuerdo a tus capacidades, tiempo que dispongas para dedicarle, gustos particulares y cuan atrevido resultes, es decir, que hacer dinero por medio del internet solo va a depender de ti, enseñarte cómo hacerlo es nuestro trabajo.

ES UN ASUNTO MENTAL

*E*s cierto que un alto número de personas han sido enseñadas a adaptarse a un sistema a través del cual podamos asegurarnos la mayor estabilidad posible, hemos sido incrustado casi que a la fuerza en un modelo que nos ordenó la vida al estilo de ellos y bajo sus propios intereses, debemos pasar largos años inmersos en un mundo educativo que nos va preparando durante el tiempo que estemos en él para insertarnos el resto de nuestras vidas en un sistema laboral que nos garantice algunas seguridades, para finalmente llegar a nuestra vejes y contemos al menos con una pensión que nos permita llegar con un poco de estabilidad al día de nuestra muerte.

Resulta verdaderamente grotesco ver como los individuos que componemos esta sociedad muchas veces nos tornamos burlista ante los deseos de alguna persona de salir de la zona de confort, es cierto que se ha formado toda una estructura mental en la que se vea o incluso parezca ridículo que alguien tome la decisión de abandonar su mundo considerado como normal para salir a la aventura de conquistar su propio destino.

Muchas veces incluso nosotros mismos podemos soñar con ir más allá, pero nuestra estructura mental nos mantiene casi obligados a permanecer estancados por no asumir una posición si se quiere ridícula de acuerdo a nuestra muy aprendida percepción.

Por ello para poder definitivamente entender que tenemos la capacidad de iniciar una vida nueva y entrar en un mundo de oportunidades como el que nos ofrece el mundo de internet, debemos romper con todos esos esquemas mentales con los que hemos sido programados, es una especie de proceso de desaprender para volver a aprender, es reeducarnos y ver la vida fuera de nuestras fronteras mentales, sí, hay más, mucho más.

Iniciar en el mundo de los negocios a través de la web, nos ofrece además una de las vías más maravillosas de este medio, y es la posibilidad de hacer dinero con un margen de inversión muy bajo o incluso cero, vamos a detener nuestra mirada atentamente a la posibilidad de desarrollar nuestro propio negocio a través de este medio con el menor margen de inversión, pero que con astucia indudablemente se traducirá en el logro consecutivo de metas para desarrollar un negocio verdaderamente favorable en el aspecto financiero y laboral.

Aprende a captar las oportunidades

Cuando Andrés termino sus estudios primarios sus padres lo cambiaron de colegio para uno que resultaba mucho más prometedor en asuntos académicos, pero además de esto uno de los beneficios que ofrecía este colegio, era que prestaba servicio de transporte para sus estudiantes, sin embargo el primer día Andrés salió y nunca vio el transporte, de manera que se fue caminando, el día siguiente la historia fue completamente igual.

La estructura que este chico traía de su antigua escuela no le permitía ver que los horarios eran más exigentes, si quería gozar del beneficio del transporte debía estar más temprano en pie esperando que el transporte pasara para así poder abordarlo.

Su padre obviamente le explicó que si quería disfrutar del transporte debería estar más atento y esperar que este llegara para poder abordarlo; exactamente así podría estarnos sucediendo con el mundo del internet, este mundo está completamente repleto de oportunidades, muchísimas en realidad, pero ellas no te saltaran a la vista, debes estar atento y no dejar que se te vayan.

Enfoque y claridad son los principales ingredientes

Indudablemente que lo primero que debes realizar es despejar todas las dudas, poder quitar toda esa neblina que te acorta la visión de todo lo que puedes lograr, pero más aún todo lo que debes lograr, para efectivamente alcanzar el sueño de liberarte de toda esa estructura que te oprime y comenzar ya a ser productivo

El principio para poder monetizar en el mundo de internet es poder hacer un estudio detallado de cuáles son las vías distintas que te ofrece este mundo para hacer negocios, podrías evaluar cada uno de los medios como por ejemplo crear un blog, páginas web, ofrecer servicios en red y un largo etcétera, una vez que hayas despeados las dudas (y luego te ayudaremos a cómo lograr este paso) debes ir un poco más allá.

El siguiente paso que debes dar sin duda es enfocarte, y esto no es otra cosa que crear una fijación en eso que ha quedado ya aclarado respecto a las posibles vías de trabajo que te ofrece este medio maravilloso como lo es el mundo de internet, elaborar planes y estrategias con el objetivo de lograr de manera sistemática cada uno de los pasos que requieras dar para desarrollarte dentro del futuro negocio.

Haciendo una combinación de estos dos elementos estas irremediablemente destinado a comenzar con buen pie dentro del universo de los negocios web, recuerda se trata de claridad en primer lugar y el enfoque, despeja todas tus dudas y observa con mucha atención las oportunidades que hay para ti.

El arte de trazar objetivos (objetivos Smart)

Alcanzar nuestras metas de manera efectiva solo será una realidad a la medida que tengamos la disciplina suficiente de elaborar planes para llegar a ellos, y la única manera de que esos planes trasciendan más allá de una mera ilusión, será en definitiva tu capacidad de desarrollarlos de manera eficaz, una de las formas infalible de caminar de manera consecutiva y de forma sistemática a lograr aquello en lo que hemos fijado nuestra atención es justamente este método conocido como "objetivos Smart"

En primer lugar debemos trazar la necesaria diferencia entre lo que representa una meta y por su parte que es un objetivo, sabemos que la primera se refiere a aquel fin al que queremos llegar, es decir el propósito totalmente cumplido de manera tangible esa sería entonces la meta, mientras que por su parte un objetivo trataría de esos pasos claramente definido a través de los cuales llegare hasta la meta final, para graficarlo de alguna manera diremos que la meta es el segundo piso de un edificio y los objetivos vendrían a ser cada peldaño de la escalera que te llevara a ese segundo piso.

Dicho esto entonces evaluemos la manera más efectiva de llegar a cumplir con aquellos objetivos de los que estamos hablando, cuando hablamos de objetivos Smart nos referimos a una suerte de acróstico que se refiere a que dichos objetivos debe contar con las siguientes características: en primer lugar este objetivo debe tener como particularidad que debe ser especifico (Specific), puede medirse (Measurable), igualmente requiere ser alcanzable (Achievable), mientras que necesita ser realista (Realistic) y por ultimo debe estar marcado por un plazo de tiempo determinado (Timely).

Emprendimiento on line: todo depende de tu constancia

Al marcarte los objetivos que serán los que abrirán el camino de forma sistemática para lograr de manera definitiva el propósito de ganar dinero a través del mundo web, debes saber que la única forma en que esto sea totalmente efectivo será a través de la constancia.

Sin duda que todo camino tiene obstáculos que muchas veces van a dificultar ese propósito de lograr nuestros objetivos, de manera que debemos desarrollar una férrea voluntad de hacer que nos permita no doblegar jamás en nuestra intención de lograr nuestros objetivos, vamos a enumerar de forma sencilla pero altamente prácticas, algunos consejo muy eficaces para convertirnos en personas profundamente efectivas en todo aquellos que nos propongamos.

- *Escoge tu fin:* en primer lugar mencionamos un paso que a este punto ya debería ser un hecho, es decir elegir de forma clara cuál es la meta a la cual quieres llegar, este caso es desarrollar la capacidad de ser altamente efectivo a través de la web para hacer dinero, este punto está completamente claro.

- *Simplifica las cosas:* este punto también está prácticamente desarrollado en el apartado anterior, debes convertir tu meta principal en pequeños pasos consecutivos, querer lograr grandes cosas de prisa es un gran error, lo más práctico siempre resultara dividir esa metan en pequeñas acciones que de forma práctica se conviertan en realidad.

- *Apiádate de ti:* podría sonar gracioso pero es una realidad, uno de los mayores problemas que podemos presentar en el proceso de llegar a la meta deseada será tener compasión con nosotros mismos, errar es posible, fallar es una opción que tenemos todas las personas, lograr la perfección es más que una ilusión, de manera que al fallar no te juzgues pues esto es el más grande asesino de motivaciones, cuando algo no salga bien da un paso atrás evalúa las razones y vuelve a empezar.

- *Olvida los resultados:* alguien enseño que cuando un sembrador pone la semilla no pasa cada día abriendo la tierra a ver si la semilla esta germinando, sencillamente no crecerá, indudablemente si una persona con problemas de alcoholismo decide dejar de beber no sería para nada productivo estar contando cada hora que pasa sin tomar un trago, de eso se trata, enfócate en el aquí y el ahora, es la única forma de llegar satisfactoriamente a dónde quieres llegar, lo demás obsérvalo como mera ilusión.

Lograr tu propósito de ganar dinero a través del mundo web es una completa posibilidad que puedes alcanzar, incluso a pesar de no contar con alguna forma de capital, como ya hemos dicho antes solo se trata de estar bien atento, debes observar este mundo de negocios como un gran pastel en el que sin duda alguna hay un trozo para cada cual, para ti también lo hay, solo afina tu mirada, la oportunidad está ahí, solo necesitas estar atento.

2

MARKETING DE AFILIACIÓN UNA GRAN OPORTUNIDAD

*P*recisamente hablando de oportunidades, tenemos justo en frente una gran oportunidad, una de las maneras más prácticas que podemos encontrar en la actualidad de sacarle un gran provecho al mundo web es esta, el marketing de afiliación es una metodología a través de la que puedes monetizar llevando una consecución de resultado de tus posibles clientes a los cuales les prestarás el servicio publicitario, en este caso el pago se obtiene por metas cumplidas, es decir, llevar la publicidad hasta su fin que sería acceder a la compra del producto o servicio de tu anunciante.

Es la versión de ventas por catálogos

En efecto, hacer marketing de afiliación es justamente eso, una modalidad en línea de lo que antes se realizaba con una revistilla en mano en la que visitabas a los amigos, familiares y cualquier conocido que tuviera un perfil de posible cliente, los principios que debes observar podríamos decir que son casi exactos, la única diferencia es que ahora lo harás a través del mundo web.

Existen dos vías por medio de las cuales podrías ingresar en este mundo del marketing digital, podríamos decir que se trata de una vía rápida y otra más corta, sin embargo será en tu libre elección cuál de las dos se ajusta a tu perfil, aunque la recomendación en este momento seria considerar la que menos inversión requiera.

Una de las formulas sería crear un espacio web en el cual te dediques a anunciar servicios, por medio de este tendrías que conseguir que algunas empresas de productos o servicio anuncien contigo y tu ganaría dinero gracias a las ventas directas que logras hacer por medio de tu publicidad.

Asumamos que has logrado encontrar el patrocinio de una tienda que se encarga de la distribución de productos para gatos, entonces tu sitio web lo conviertes en un lugar donde hables sobre temas relacionado con el mismo, es la mejor manera de atraer personas a este nicho en particular, y luego de la información le brindas la oportunidad de acceder a los productos y servicios que ofrece esta tienda para gatos.

Amazon un gran ejemplo de oportunidad

La otra vía de la que hablamos es esta, empresas multinacionales en la rama del mercadeo, ofrecen medios y formulas interesantes para llevar a cabo este proceso antes mencionado pero sin necesidad de estar en busca de patrocinadores de tu sitio web.

Ese es el caso de empresas como Amazon, es conocido casi que por todos los servicios que ofrece Amazon, se trata de una empresa que lleva años en el negocio del mercadeo a través de la web, en la cual encuentras todo tipo de productos y servicios con alcance internacional y a precios realmente interesantes.

Pues una de las modalidades que te puede ofrecer Amazon en la actualidad lleva por nombre "Amazon afiliados", esta forma de trabajo te permite que puedas crear una cuenta por medio del cual tengas la posibilidad de comercializar con los mismos productos que ellos tienen en sus catálogos de ventas, en realidad es muy fácil de hacerlo, vamos a ver algunas recomendaciones que te servirán para iniciar en este fantástico negocio.

1. *Crea un sitio web:* lo primero es esto, debes crear un sitio web en el cual puedas llevar a cabo los enlaces con los cuales comercializaras los productos o servicios en cuestión, hay cientos de plataformas en este momento que hacen que esto no sea un problema, plataformas como wordpress por ejemplo ofrecen esta oportunidad a muy bajos costos, sin embargo, puedes ampliar tu abanico de oportunidades y elegir de acuerdo a tus intereses.

2. *Crea redacciones con análisis, comparativas y recomendaciones:* esta es tu estrategia de venta, por esto debes prestar un especial cuidado, tu sitio web, cualquiera que hayas decidido utilizar, deberá por tanto estar repleta de una excelente redacción, que puedan dar luces clara a tus posibles clientes para abrir las puertas a las futuras ventas.

Imaginemos que el producto que deseas promocionar se trata de zapatos tipos tenis, pues tus artículos deben girar en esa dirección, debes hacer un análisis de cuáles son los beneficios de usar tenis, la diferencia entre un tenis y una zapatilla, y elementos de ese tipo para luego ofrecer la alternativa de dirigirse al enlace que los llevara hasta el lugar de Amazon en el cual encontraran la posibilidad de llevar a cabo la compra de dicho producto, y de esta manera al concretarse la venta, automáticamente por el enlace a través del cual se accedió a la compra, Amazon de manera inmediata te adjudica esa venta.

1. *Incluye los enlaces:* esta será la forma de lograr monetizar como tal, debes crear un usuario o cuenta en Amazon afiliados, pues es a través de este mecanismo que te permita la plataforma de Amazon desarrollar enlaces directos a sus productos o servicios que ofrecerás de manera estratégica a través de tus redacciones.

2. *Posicionamiento de tu sitio web:* la manera única de que este modelo de negocio se convierta en algo verdaderamente rentable para ti, es lograr un buen tráfico de personas, pero no se trata de cualquier persona, sino que debes tener un enfoque directo en lo que

será tu cliente potencial, es decir tu público objetivo.

Durante muchos años a muchas personas las estrategias de venta no le rindieron los mejores resultados quizás por falta de objetivos, quizás por falta de enfoque, pero la falsa creencia de que todos son posibles clientes es la que pudo haber llevado a muchos sueños de trabajo incesante haber culminado en frustración, la mejor manera de llevar a cabo un negocio de ventas es sin dudas por primera reglar crear el enfoque correcto.

Enfoque del contexto en el cual desarrollaras dicho negocio, enfoque entonces en el producto que será la materia prima con la que desempeñaras tu negocio, pero por otro lado y el caso que nos compete ahora mismo, enfoque en tu público objetivo.

Pescar se hace un trabajo eficaz si sabes dónde lanzar la red, y esa es la gran ventaja que ofrece este negocio en línea, poder sectorizar de manera muy fácil el diferente público que anda por acá, y enfocarte en lograr el tráfico a tu sitio web de aquellos que de verdad representan tu público objetivo.

La forma de hacerlo es principalmente logrando posicionar tu sitio web, para lograr esto, debes entonces crear contenidos de excelencia que demás está decir, debes lograr captar de manera estratégica el interés de las personas.

Veamos algunos pequeños consejos breves de cómo crear artículos que resulten interesantes para tu público objetivo.

- Lo primero que debes tener en cuenta es crear contenido que lleven estructura de lista, se dice que estamos en la era de la síntesis, muchas personas desean leer información que no les resulte tan cansonas, de modo que esta estrategia es muy práctica, modelos como: "cinco maneras de perder peso sin salir de casa" "cuatro trucos prácticos para alcanzar el éxito"; cosas como esas, ese tipo de esquema resulta fresco y des complicado para aquellos que desean información rápida y no aburrida.

- Por otro lado debes estar completamente actualizado, tratar temas que no generen interés seria pérdida de tiempo, por ello debes estar en una constante búsqueda de nueva información que te permita mantener un buen nivel en la estructura de aquello sobre lo que redactaras.

- Además procura crear un feed back entre el usuario y tú, no lo hagas tan distante, dale la oportunidad de participar de manera abierta en el tema, por ello en tu redacción debes proponer preguntas o cualquier tipo de interacción que le lleve a sentirse parte de esto, para ello es bueno crear temas abiertos, que de alguna manera sean poco concluyente (de acuerdo claro a tus intereses) de manera que puedas invitarlo a que ofrezca su posible solución.

- Un tema sumamente importante en este sentido es el tema del SEO, para esto si deberías buscar una buena ayuda de algún profesional, poder desarrollar contenido que resulte inteligente en cuanto a palabras claves dentro de la estructura SEO será completamente importante para poder alcanzar un buen posicionamiento.

- Sobre todo el tema del título, aquí también debes estar bien ubicado para poder alcanzar buen posicionamiento en los motores de búsqueda sobre todo en el tema de google.

3

MONETIZACIÓN CON ADSENSE

Creo sin temor a equivocarme que no hubo antes una manera tan sencilla de ganar dinero a muy bajo costo, esta es una forma efectiva de monetizar con tu sitio web, es una de las tantas herramientas que ha creado el gigante de la web google, y a las cuales tienes acceso de una manera muy sencilla.

Adsense, al igual que Adword es un programa de google que permite realizar anuncios en tu sitio web incluso en canales de youtube, y tiene como ventaja que esta plataforma no necesita un seguimiento de ventas para poder asignarte un porcentaje de ganancia por venta, sencillamente a través del solo clic que cada persona dé a dicha publicidad desde tu web se van sumando centavos de dólares a tu cuenta.

Debes darte de alta en Adsense

En la actualidad la empresa más sólida en el mundo de la web para poder hacer dinero por publicidad es sin duda Adsense, por esta razón la primera tarea que tienes que realizar luego de creado tu espacio dentro de la web será darte de alta en esta plataforma, pero ¿cómo hacerlo?

Lograr un eficaz registro en la plataforma de Adsense es más fácil de lo que piensas, necesitas pera ello un correo electrónico de la misma plataforma, que esto es ya una regla para casi todo ser humano, de igual manera necesitas un blog, tema del que ya hemos hablado en capítulos anteriores, con las mismas características de las que venimos hablando, es decir, se trata de un blog que contenga buen contenido pero que sea completamente inédito, y finalmente necesitarías un número telefónico y un código postal.

Los pasos para crear tu cuenta en google Adsense son muy sencillas, aquí te vamos a dar una serie de datos sobre lo que vas a encontrar en este apartado de google.

- El primer paso será ingresar a la url de google Adsense, de todas maneras la forma más sencilla será "googlear" la palabra Adsense en el buscador de esta página y ella te generará normalmente el enlace de la página como tal.

- El paso siguiente será aportar la cuenta de correo electrónico con la que se activará tu cuenta, debes considerar que no debe ser una cuenta que hayas abierto de manera genérica, procura que sea una cuenta que acostumbres usar con la que no corras peligro alguno por ejemplo de perder las contraseñas, recuerda que toda la información de la página llegara a esa cuenta de correo electrónico.

- Lo siguiente será completar el resto de los datos con respecto al blog, indicar de que país es, y debes aceptar todos los términos y las condiciones que exige de manera normal dicha plataforma.

- Corresponde por el momento espera que google apruebe la solicitud, ya que esta verificara ante todo si el contenido que se encuentra en tu sitio web está acorde con sus políticas y las normas de dicha empresa. Pasado todo esto, empezaras a ver lo anuncios en tu página si estás de acuerdo con las normas de la empresa.

- Por último y el más importante por cierto es este, dejar el número de cuenta a través del cual recibirás el pago de las ganancias que te ira generando todos los anuncios en tu sitio.
- Una vez culminado este proceso, google se encargara de mandar hasta tu dirección de código postal un sobre que contendrá el código de confirmación, debes tener suficiente paciencia ya que el proceso podría tardar hasta dos semanas.

Solo debes crear contenido

Lo mejor de todo es que con este medio no tendrás la necesidad de hacer nada extra que lo que ya vienes realizando, solo necesitas ser altamente constante y mantenerte creando buen contenido, no existe la necesidad de crear ningún tipo de enlace ni nada parecido solo debes crear contenido, y el sistema de esta plataforma de manera automática colocara los anuncios en tu blog relacionados con el tema que estas publicando, y el pago se realiza por los clic que se les dé a la publicidad en cuestión.

Sin embargo dentro de esta modalidad de publicidad

existen igualmente modalidades distintas de pago de manera que veamos cada una de ellas.

- *Publicidad CPC:* esta es la que ya hemos mencionado anteriormente, se trata de generar ganancias por cada clic que reciba la publicidad que te otorgue el sistema de Advance.
- *Publicidad CPM:* en este caso la forma de adquirir ingreso estar relacionado con la cantidad de veces que se reproduzca el anuncio publicitario en tu sitio web, son especies de paquetes pre establecido con la empresa en el cual recibes tu pago una vez alcanzada la meta de las mil reproducciones del anuncio publicitario.

Poder generar ingresos a través de estas plataformas va a depender de varios elementos, lo primero sería el nicho en el cual te vayas a enfocar para generar contenido, es decir que depende de alguna manera del contenido que desarrolles, por otro lado el otro factor determinante vendría a ser la cantidad de anunciante que se encuentren en este nicho y por el ultimo estará basado en el tráfico de personas que ingresen a tu sitio web.

4

EL ARTE DE VENDER EN LA WEB

*C*uando hablamos de independencia financiera en el contexto que sea, sin duda que el primer pensamiento que puede ocupar la ente de una persona es la idea de vender, sí, es que el comercio es la única manera de poder desprendernos de la esclavitud de un sistema laboral, no solo vender mercancía, vender un servicio, vender una idea, es decir, cuando hablamos de vender no existen barreras más que la misma que nos pueda poner nuestra propia creatividad.

Vender es un arte, esto es una gran verdad, solo que el arte de vender ha evolucionado de igual manera como ha podido evolucionar nuestra sociedad en todos los ámbitos.

De manera que uno de los elementos que puede ayudarte como estrategia para hacer negocios de manera satisfactoria es sin duda el mundo de las ventas, tu blog es una gran herramienta para lograr el objetivo planteado aquí, ahora bien ¿Qué puedes vender y cómo hacerlo? De ello voy a hablarte a continuación.

¿Qué puedo vender en internet?

Lo primero que evaluaremos será esto, es que el mundo de las ventas en internet es tan amplio que podría incluso superar el mundo normal, esto es porque puedes vender casi cualquier cosa, como las ventas clásicas, hasta nuevos nichos producto de la dinámica propia de este universo web, pero para hacerlo más sencillo vamos a dividirlo en varios grupos para tener un panorama más amplio de lo que estoy diciendo.

Ventas clásicas

Vamos a llamar de esta manera a aquellas ventas que de manera tradicional pudieron existir y podría de hecho seguir funcionando sin la necesidad de internet, solo que con un adecuado método de adaptación podrías crear una verdadera revolución en ese nicho si usas las estrategias adecuadas, es que estamos hablando de cualquier cosa, desde un restaurante, panadería, venta de perfumes, ropa, zapatos y cualquier cosa que se te pueda ocurrir, existen ya de hecho todo tipo de estructuras y plataformas ya diseñadas para que puedas llevar ese sueño a cabo.

Supongamos que eres cocinero, y durante toda tu vida has desempeñado este oficio, pero ya no quieres trabajar para una empresa sino que quieres desarrollar tu propio proyecto, en otro tiempo eso podría significar de forma obligatoria, altas cantidades de dinero, necesitarías una local, un inmobiliario que incluía mesas, sillas, decoración, batería de cocina y todo un complejo equipo de vajillas, sin contar que luego tendrías que hacer una inversión enorme en mercancía y personas a través de la que pudieras desempeñar un trabajo de calidad, de verdad era casi imposible.

Todo ese aparataje, seria cosa del pasado si quiere emprender y no cuentas como invertir en todo eso, es decir no es que este mal lo anterior y posiblemente sea una meta poder lograr tener todo eso en un futuro, sin embargo ahora mismo, con la cocina de tu casa, tu blog, cualquier plataforma que ha desarrollado el mundo web de servicios domiciliarios y una excelente creatividad puedes llevar a cabo tu sueño de desarrollar tu proyecto de restaurante sin ningún problema.

Este principio lo puedes aplicar a cualquier otro negocio, como ya mencione tiendas de ropa, calzados, panadería, y pare usted de contar, el límite lo vas a colocar solamente tú.

Vende productos digitales

Un nuevo mundo de productos ha surgido como consecuencia de este universo paralelo que nos ha traído el internet, se trata de productos digitales, dentro de este renglón puedes encontrar productos novedosos, y lo importante es que no es algo que te este distante a ti aunque no estés tan familiarizado con esto.

Estamos hablando de ebooks, cursos on line, tutoriales y un buen etcétera, insisto todo dependerá de ti y tu imaginación, como ya te dije anteriormente quizás no estés tan familiarizado con esto pero es muy fácil, ubícate en el área que quieres desarrollar tu negocio y puedes adaptarlo a este sistema de trabajo, prosigamos entonces con el ejemplo anterior.

Eres cocinero y decidiste quedarte a trabajar por tu cuenta, ¿qué productos digitales puedes desarrollar?, crea video cursos, donde puedas enseñar a otros como desempeñarse en tu área, podrías hacer una serie de cursos que puedas vender a través de plataformas como Amazon, utilizando como medio estratégico tu propio blog.

Crearías un blog en el que hables del tema en cuestión, y vas posteando de acuerdo a los niveles del curso, pero además de eso ebooks, o artículos donde podrías enseñar técnicas específicas por ejemplo, "diez maneras de cocinar el pollo", o algo como "secretos para la mejor masa base para pizza", todo eso va a depender de ti, y recuerda que el límite para llegar tan lejos como quieras solo lo pondrás tú mismo.

Una idea fantástica y sencilla es enseñar a otros a hacer lo que tú estás haciendo, es decir una de las materias más buscadas por estos medios es aprender a prescindir del empleo tradicional y vivir ahora del mundo en línea, entonces sácale partido a eso, así como lo has aprendido enseña a otros también a hacerlo.

Servicios físicos

De igual forma y como ya he mencionado antes, seguir con la estructura tradicional de trabajo es una perfecta forma de emprender con la salvedad que ahora cuentas con una herramienta extra como lo es tu blog o página web, además las redes sociales suelen ser una excelente herramienta, esta realidad es tan evidente que incluso en el mundo entero casi todas las universidades han considerado crear cátedras on line, de manera que cualquiera que sea el área en la cual te desempeñes puedes perfectamente ofrecer tus servicios a través de la red.

Es importante dejar claro que para poder vender por internet no necesitas ser un gran experto, solo requieres de un poco de conocimiento y manejo de lo que es y cómo funcionan las ventas a través de la web, sin embargo sí debes tener completa claridad de tres elementos que resultaran imprescindibles a la hora de hacer tu emprendimiento vía web, estos vendría a ser la autoridad que impregnes en tu cliente por el manejo o destreza del artículo, producto o servicio que estas ofreciendo, la confianza que adquirirás como producto del servicio prestado, y por último la singularidad de la propuesta que haces, es decir, aunque sea el producto o servicio más genérico de la historia, asegúrate de ser único al punto que todos deseen tu propuesta.

Ya hemos visto qué vender, ahora veamos la mejor manera de llevar eso a cabo, vamos a ver una serie de consejos que puedes poner en práctica para poder desempeñar con cada una de las ideas de trabajo que puedas haber creado en el proceso de enfoque que hemos venido realizando, presta mucha atención.

HAGAMOS MARKETING DE CONTENIDOS:

lo primero que debes hacer es tomarte un tiempo para pensar en ese formato a través del cual puedes llegar a tu público, ese cliente potencial, luego analiza cuales son esos servicios que puedas ofrecer pero que además puedas explicar con toda libertad, entonces a partir de ahí, elabora una lista con todas las ideas que puedan surgir y ahora piensa en los recursos que puedan resultar útiles y el contenido que vas a ofrecer.

Una regla ineludible respecto a este contenido que vas a ofrecer a tus potenciales clientes es que debes considerar las necesidades particulares de cada uno de ellos, la experiencia que puedan tener respecto a ese nicho la formación y la edades que comprenden los que vayan a acceder a tu producto, por ejemplo vas a hablar de video juegos y tu producto guarda relación con ello, ya debes saber entonces que el lenguaje es un lenguaje técnico juvenil, los chicos y jóvenes son los que representan tu público objetivo por lo tanto en ellos debes enfocarte.

CREA TU PLAN DE TRABAJOS:

crear un negocio exitoso a través de internet no es un asunto fortuito, no se trata de trata de casualidades, sino de estrategias, por eso es imprescindible que desarrolles un plan estratégico de publicación de contenidos, antes de iniciar tu negocio, elabora ya el calendario de publicaciones con fechas y temas específicos para que nada te tome por sorpresa sino que todo esté completamente calculado.

PREPÁRATE PARA PESCAR:

dependiendo de la estrategia que vayas a utilizar, debes tener listo un formulario con el cual podrás captar a los posibles clientes que vayan a acceder a tus servicios o productos, debes desarrollar una estrategia para crear tu base de datos, con la información completa de tus futuros clientes.

En el caso de los blog puedes usar la estrategia de hacer una negociación de algún servicio o producto a cambio de sus datos, por ejemplo, "llena este formulario que te dejamos a continuación haz clic en aceptar y tendrás acceso totalmente gratuito una master class de guitarra".

Si desarrollas contenido audiovisual que puedas compartir a través de plataformas como youtube, también tienes formas de captar estos posibles clientes, la forma más práctica es hacer uso de la configuración, luego la optimización de pantallas finales, es más sencillo de lo que parece, la pantalla final viene a ser esa pantalla que aparecerá justo después de culminado el video en cuestión, justo en esa pantalla puedes agregar algunos enlaces, es decir tienes varias opciones, la recomendación seria acceder a la opción que te permite crear un enlace a tu sitio web de esa manera lo estarías llevando a manera de escalera hasta conseguir que acceda a llenar el formulario.

CREA NEWSLETTERS:

A través de estrategias como las antes mencionadas tendrás acceso a lo más importante que será la base de datos que incluye su bandeja de correos electrónicos, para ello deberás ya tener desarrollado este "newsletters" que no es otra cosa que un boletín informativo que estarás repartiendo a través de los correos electrónicos con cierta periodicidad, podría ser diario, semanal, quincenal, incluso algunos prefieren hacerlo por campañas, podría ser por lanzamiento de productos nuevos o el ofrecimiento de un nuevo servicio.

Debes asegurarte fundamentalmente en la idea de hacer estos boletines con enfoque mayormente informativos, que de manera sutil los lleve a acceder a la compra, pero no usarlos como medio directo de compras, en realidad es poco funcional.

ENFÓCATE EN CAPTAR TRAFICO:

es que no hay otra forma de captar clientes sino a través del tráfico que se generes alrededor de tu cuenta, o sitios web, para esto la estrategia es fundamental, debes esforzarte por lograr el posicionamiento SEO, además optimizar los mecanismos a través de los que las personas llegarán hasta ti, por ejemplo la presencia en las redes sociales, mantén un continuo trinar a través de twitter, sigue cuentas de instagram y participa activamente en comentarios sobre temas de interés e invítalos a visitarte, participa en foros o grupos de Facebook incluso créalos tu mismo, todos con el enfoque de conseguir el tráfico para tu sitio web.

OPTIMIZA TU PÁGINA:

tu sitio web es tu carpeta de trabajo, no puede ser un lugar anticuado y disfuncional, en el debes agregar todos los elementos necesarios para atrapar definitivamente a tu cliente potencial, por ello en primer lugar debes mantener un contenido fresco, actualizado, además debes incluir todas las herramientas necesarias para que el cliente futuro puede ejercer acciones desde allí, como métodos de pagos, enlaces, carrito de compras, etc., todo estará necesariamente contextualizado al tipo de producto y el cliente.

Viendo finalmente todos estos pasos vamos a enfocarnos por un momento en maneras prácticas de hacer dinero a través de la web, y hablando de formas practicas no habría otra más que le de crear cursos on line, y ofrecer servicios, es que cada día es más práctico para las personas que buscan cualquier cosa acceder a la web desde por ejemplo su teléfono y procesar la información que requieren, además que en este mismo orden de ideas, son muchas las personas que quieren aprender un buen oficio, y eso que tú sabes hacer muchos estarían dispuesto a pagarte por aprender a hacerlo.

Enfócate en un nicho

Tal y como ya hemos mencionado, el enfoque es prioritario en este asunto, pero para ser más específico y usando de alguna manera un poco de exageración para graficarlo, tienes que crear un "enfoque del enfoque", me explico, dentro del nicho que has elegido hay si se quiere varios sub nichos; sigamos usando como ejemplo el tema del cocinero que ya mencionamos antes.

Sabemos que dentro del área de cocina existen un mundo enorme de posibilidades, de habilidades, de rubros, técnicas, etc., entonces no podríamos vender solo un curso de cocina, debes enfocarte en el nicho especifico que vas a ocupar respecto a este tema, por ejemplo: "técnicas culinarias de la cocina tailandesa" ahí tienes un nicho especifico, o quizás "principios básicos de administración de restaurante", de manera que debes enfocarte en el nicho y ahora enfocarte en el público objetivo de ese nicho que estamos mencionando.

Sin embargo vamos a ver la mejor manera en la que podamos escoger el correcto nicho de mercado y así evitaremos posibles errores.

HAS UNA EVALUACIÓN DE TUS COMPETENCIAS:

seria completamente inútil o al menos muy largo y bastante cuesta arriba escoger como medio de negocio un área en la que no tengo el menor conocimiento, imagina que un licenciado en matemáticas que nunca conoció si quiera lo que es un acorde musical decida desarrollar y vender cursos sobre "cómo grabar un disco en casa", solo por el simple hecho de que la propuesta es interesante y comercial.

Entonces estamos hablando de coherencia y sentido común, tener una mente de mercado y ver oportunidades como esas y querer aprovecharlas esta fantástico pero además de tus competencias ¿cuáles son tus capacidades?, si estas en la capacidad de pagar por un profesor que esté dispuesto a colaborar contigo en tu propósito, perfecto, pero en este caso dependería de si tienes la capacidad de llevar a cabo este propósito.

CALCULA CUAL ES EL POTENCIAL DEL NICHO:

por otro lado y quizás un poco contrario a la idea anterior es la evaluación de cuál es el potencial que tenga el nicho que has elegido, entonces podríamos evaluar si resultase más productivo avanzar intentando con ese nicho o tener que especializarte en otro, todo se trata de rentabilidad, ¿cuán rentable podría resultar eso que decidiste? Para ello deberás elaborar un análisis del mercado y si las conclusiones arrojan que no es viable para el negocio en el sentido de productividad y efectividad es momento de dar un paso atrás y reimpulsarte.

ASEGÚRATE DE PODER CUBRIR LAS EXPECTATIVAS:

es de vital importancia que tengas la seguridad que vas a poder sobre llevar la responsabilidad del nicho que has elegido, por esta misma razón el primer paso sugiere que evalúes tu competencias, pues debes en lo máximo no improvisar, todo esto viene a configurar los principios elementales para que puedas escoger el nicho de mercado.

Lo más recomendable es que en el caso que según tu

evaluación determines que lo recomendable será ingresar en un nicho en el cual no tengas mucha preparación, decidas ante todo cual será el mecanismo o el método por medio del cual llevaras a cabo tu preparación y así puedas estar completamente preparado para llevar a cabo esta tarea.

Las plataformas freelancer

Cada día más conocidas y más populares vienen a tomar parte de este juego este tipo de plataformas, su nombre que quiere decir "independiente" viene justamente a ofrecer solución a aquellas personas que han determinado emprender por su propia cuenta y desarrollar un esquema de trabajo que no requiera ajustarse a métodos establecidos por una empresa en particular.

Sin embargo entrar en estas modalidades, requiere de ciertos elementos que serían determinantes para triunfar, de manera que se hace preciso evaluar los distintos elementos se requieren para convertirte en un verdadero freelancer y no morir en el intento.

¿Qué es una plataforma FreeLancer?

En primer lugar despejemos cualquier duda, entonces debemos aclarar a que se refiere esto de "plataformas freelancer" se trata de algunas empresas (por mencionarlo de algún modo) que a través del mundo web surgen como puente para establecer conexiones entre un prestador de servicio y un usuario de dicho servicio.

Estas plataformas son relativamente fáciles de acceder, debes crear un usuario, y a través de este vas a exponer tus habilidades, debes llenar toda la información de tu portafolio, es decir vas a crear un enunciado de toda tu experiencia en el área que vas a proponer prestar servicios, por su parte miles de personas y empresas ingresan un usuario como solicitante de servicios.

La página arroja las solicitudes de dicho servicios y todos aquellos "freelancer" que cuenten con la experiencia y habilidades requerida por el solicitante, entran en una especie de subasta donde cada cual hará su propuesta y luego toca esperar a que sea aprobada.

Consejos para triunfar en esta plataforma

Lo fundamental es estar completamente seguros de contar con la capacidad de realizar de manera óptima las labores que estén solicitando, el incumplimiento de tareas suele ser motivo de mala puntuación y esto a su vez podría acarrear ser dado de baja de la plataforma, pero en caso contrario el buen cumplimiento de las labores dentro de la plataforma se irá convirtiendo progresivamente en excelente puntuación que generará un perfil atractivo para que se abran mayores oportunidades laborales dentro de este medio, pero evaluemos otros consejos:

PUNTUALIDAD:

la mejor acción que puedes ejercer dentro de plataformas freenlacer es ser puntual, por esta razón jamás debes postular para un trabajo que no estés seguro que puedas cumplir, esto es la mayor causa de bajas dentro de estas plataformas.

EXIGE EL MÁXIMO DE TI:

si dentro de la estructura solo estás buscando una manera de conseguir algo de dinerito extra que venga a solventar tus gastos del día a día, está bien que seas un promedio, pero si en realidad deseas salir adelante en el mundo de la independencia laboral y convertirte en tu propio jefe y dueño de tu destino, debes tomar esto lo más en serio posible entonces debes dar no menos del todo.

Para tener una idea de a que me refiero con el todo, se trata de no solo ser puntual, más que eso rebasar tus propias expectativas, debes cumplir con todos tus objetivos pero si es posible debes lograrlo antes del tiempo estipulado.

APRENDE CADA LECCIÓN:

indudablemente que todo camino tiene su nivel de obstáculos, este no es la excepción, por lo tanto es muy probable enfrentarte a obstáculos que podrían generar la posibilidad de que algo salga mal, pues bien, saca el mayor provecho que puedas a esa circunstancia y no permitas que se convierta en una situación recurrente.

Estas ideas recién planteadas son a rango general para ingresar al mundo freelancer, sin embargo es preciso evaluar algunas precauciones que debemos tener en cuenta a la hora de llegar a este medio.

Falta de disciplina

Podría parecer una broma, pero el más grande obstáculo que puedes enfrentar en este medio de trabajo podría ser de hecho su mayor virtud y no es otra cosa que "la libertad"; lamentablemente hemos sido diseñados para estar encuadrado dentro de un patrón determinado, que nos acostumbró de alguna manera inconscientes o consciente a solo ser eficaces tras órdenes a manera incluso de látigo.

La mayoría de personas que se ha logrado adaptar de manera exitosa a una estructura laboral como por ejemplo llegar puntal y cumplir con cada una de sus funciones como debe ser, por lo general está basado en el temor de perder la seguridad que le brinda el trabajo, es decir en realidad no son tan buenos trabajadores, solo temen ser echados del trabajo.

Por ello antes de tomar la determinación de separarte definitivamente de tu estructura tradicional laboral debes ya de manera constante ir creando los hábitos necesarios para que logres crear una disciplina de trabajo que te permita ser tan esforzado contigo mismo como sueles ser con tu estructura tradicional.

Cuidado con el desenfoque

Otro factor que debes cuidar ha de ser el tema del desenfoque, debes tener sumo cuidado en no cometer el error de llevarte por emociones causadas por los atractivos que puedan resultar otras opciones que vayan surgiendo a medida que transcurre el tiempo, hay áreas de trabajo que pueden tener más alta demanda en ciertas épocas o temporadas, sin embargo el desenfoque es el enemigo número uno, estar desenfocado limitara la posibilidad de ir adquiriendo cada vez más experiencia y convertirte en un gran profesional.

5

ASISTENTE VIRTUAL

*E*ntre el cumulo de tareas que puedas interpretar y desarrollar en este medio como mecanismo para hacerte de un buen dinero con la menor inversión posible, incluso sin inversión, estaría en un buen punto la asistencia virtual, es que el mismo hecho de la enorme industria que se ha convertido este mundo del trabajo on line, sería casi perfecto tomar la determinación, de sacar tiempo de tus tareas cotidianas para prepararte en este medio, indudablemente trabajo es lo que va a sobrar, cada día son más y más las personas que desean encontrar asesoría oportuna para llevar a cabo un proyecto web o un sinfín de situaciones que requiere de la asistencia de un profesional.

Identifica una habilidad única que te permita brindar asistencia

Dentro de la serie de nichos que existen en el mundo de la asistencia virtual es una completa garantía que habrán trabajos que sin duda se pueden ajustar a tus capacidades, y a tus cualidades particulares, basado en un exhaustivo estudio y análisis de todas y cada una de ellas debes determinar cuál es la que podría funcionar por tus capacidades.

Ofrece soporte técnico a distancia

Un factor importantísimos que identifica al individuo de la sociedad actual es la de carecer de tiempo, por esta razón muchas personas requieren siempre de alguien o una empresa que les logre brindar asesoría a larga distancia por ahorros de tiempo e incluso de dinero.

Esta es la recomendación, en este sentido descubre los distintos canales que puedes utilizar para lograr establecer un mecanismo de asesoría a larga distancia y de esta manera te conviertas en una solución definitiva para el nicho que has elegido como mecanismo para proyectar tu nuevo método laboral.

Dentro del mundo de oportunidades en los cuales puedes ofrecer soporte técnico encontramos una serie de nichos que podría ser una gran oportunidad para ti, y de esta manera iniciar tu negocio sin hacer inversiones representativas:

- *Gestión de correo electrónico:* al contrario de lo que muchos piensan el correo electrónico es una herramienta que cada vez va en mayor auge un gestor de correo electrónico viene a ser un programa que permite la configuración de varios correos electrónicos a la vez, crear campañas, revisar mensajes, responder, etc.
- *Difusión de contenidos en redes sociales:* en efecto muchas empresas y personas requieren de especialistas que puedan desarrollar los contenidos necesarios para sus propósitos.
- *Edición de videos y podcast:* esto es una plataforma que ha venido creciendo de manera exponencial el mundo de los podcast incluso algunos suelen asegurar que terminara por desplazar definitivamente a la radio tradicional, cada día es mayor el número de contenidos que van agregando a este medio de difusión y al igual que los videos requiere, de profesionales que puedan

desempeñar un trabajo eficiente en temas sobre todo de la post producción.

Estos solo a modo de ejemplo, sin embargo podríamos enumerar otro sinfín de oportunidades que podrías tener en el área de soporte técnico, podríamos mencionar ramas tan productivas e interesantes como diseño de imágenes y banner, gestión y organización de agendas, soporte en cursos on line y webinars, análisis de encuestas y muchos otros.

6

OFRECE TU SERVICIO COMO COACH

*H*emos llegado a un punto central del ámbito dentro de los trabajos web que han venido a perfilarse como uno de los más altamente solicitados hoy en día, es el tema del coaching, muchas empresas y grupos con intereses comunes hoy en día se destacan por solicitar la asesoría de coach en diferentes ramas.

La palabra coach no quiere decir otra cosa más que "entrenador" y es justamente eso, una persona que se encarga de entrenar como ya he mencionado, a grupos de personas con fines comunes o empresas, a fin de sacar el mayor beneficio de dicho equipo de trabajo y llevarlos a cumplir metas determinada y además de dotarlos de las herramientas necesarias para triunfar en esa área específica.

Para convertirte en un coach debes solo elaborar un método eficaz para ofrecer asesoramiento a dicho grupo de persona en un área en la que seas un gran profesional y tengas altas capacidades profesionales, de manera que esta es la mejor estrategia para iniciar dentro del mundo de laboral on line sin necesidad de abandonar el área específica en el cual te desempeñas, es justamente en esta área que por ejemplo muchos docentes universitarios han aprovechado para sacar un gran provecho de su profesión.

Acompañamiento uno a uno

Tal y como lo mencione antes, puedes ofrecer tu asesoría y acompañamiento de personas particulares o pequeños grupos a fin de llevarlos de manera sistemática y casi de la mano a los logros consecutivos de sus metas particulares llevándoles de forma progresiva a lograr cada uno de los objetivos que estos se hayan trazado.

CONCLUSIÓN

En definitiva, como coach o en cualquier área que decidas emprender camino a tus sueños de poder invertir en el mundo web, lo verdadero es que debes estar completamente convencido que es absolutamente alcanzable, y totalmente posible, hemos descubierto que es un asunto sin duda mental, son millones las personas que has decidido prestar sus conocimientos, tiempo y esfuerzo en desarrollar todo un negocio bien lucrativo en el ámbito on line.

Solo consiste en hacer una evaluación justa de las oportunidades que realmente te brinda este medio, es el enfoque y la claridad, no olvides mantener tu mente despejada de todos los obstáculos y distracciones y convéncete, termina por creer que no es un juego de niños el mundo del trabajo en internet, es un método y un mecanismo realmente serio con el cual podrás lograr tu meta definitiva de lograr la libertad financiera, pero sobre todo a muy bajo costo.

Y es que en la mentalidad del hombre moderno podría existir aun el prejuicio que para poder emprender necesitas una suma incalculable de dinero, en cualquier rama profesional que te encuentres tal parece que nos diseñaron para creer que no hay forma de salir de las estructura tradicional pero la verdad es otra.

Por ejemplo el marketing es una estrategia que ha funcionado desde siempre y no es la excepción en el mundo de los negocios on line, solo recuerda que necesitaras desarrollar cualidades especificas pero que su logro es relativamente fácil y a muy bajo costo, es que en la vida misma quedarse en el rezago es un gravísimo error, es necesario mantenernos actualizados de las tendencias que vienen surgiendo como medio de crecimiento.

Se podría comparar con una enorme ola que podría cumplir dos propósitos, o te montas sobre ella y disfrutas el placer de surfearla o sufrirás el inevitable desastre de ser aplastado por ella, y no es exagerado, muchas de las profesiones, tareas y oficios que han sido desempeñados de manera tradicional son cada vez más las empresas o estructuras que las van llevando irremediablemente a la consolidación a través de la web.

Ejemplo de lo dicho lo tenemos por ejemplo en la producción de contenidos audiovisuales, cada vez son más grandes las plataformas web que vas desplazando de alguna manera las formas tradicionales de acceder a estos servicios, la radio, la televisión, el cine y otros deberán ir adaptándose cada vez más y ajustando sus estrategias en mudar sus servicios de plataforma sino se encontrarán irremediablemente destinados a la extinción.

De igual forma se da con los mecanismos tradicionales de publicidad y mercadeo, muchas empresas de marketing han comprendido que el alcance obtenido de andar 12 horas en la calle caminando repartiendo folletos que por lo general terminan en el canasto de la basura no tienen en realidad un impacto verdadero en comparación con los logros que pueden alcanzar usando plataformas on line.

De manera que la opción esta en tus manos, pero a las alturas de la época que estamos viviendo en realidad no existe excusa alguna para no llevar a cabo el sueño que tanto hemos tenido de lograr la independencia laboral, los pasos están completamente claro solo quedaría en manos de tu determinación de seguir donde estas o avanzar en función de tus sueños.

Si decimos que tienes que hacer una inversión en comparación con las estrategias antiguas utilizadas para desarrollar tu sueño de salir de las estructuras laborales tradicionales, la más grande inversión es en todo caso la inversión en una página web que resulta realmente algo insignificante, la verdadera inversión que vas a hacer en esta ocasión se trata de tiempo, esfuerzo, y verdaderas ganas de salir adelante.

El tiempo es el verdadero recurso invaluable, y por regla general es este el que vendemos cuando entregamos nuestro esfuerzo y dedicación a desarrollar los proyectos de otros, es que en realidad se trata de eso, cuando estamos incrustados en una estructura laboral solo estamos llevando a cabo los sueños de otros al precio de nuestra propia vida.

Recientemente leía una especie de broma que me resultó sumamente gracioso, un trabajador contaba lo siguiente: "ayer cuando llegue a mi trabajo encontré a mi jefe en un auto nuevo del año y verdaderamente hermoso este conmovido me miró y me dijo: si trabajas duro y pones todo tu empeño, el año próximo podré comprarme otro", efectivamente esta es la situación.

No estoy de ninguna manera tratando de desvirtuar el ser parte de un modelo laboral que perfectamente podría ser útil para algunos, pero si tu deseo realmente es lograr la libertad que en realidad merecemos, no pierdas más tu tiempo y mira el enorme abanico de oportunidades que tenemos en nuestras manos y sal de una vez por todas en pos de tus sueños.

Así que debes tomar acción dando pasos importante y realmente determinante, lo primero que debes hacer es, ponte en contacto con un profesional o por tu propia cuenta comienza a asesorarte de manera autodidacta de la manera en que puedes desarrollar tu sitio web, es que sin duda es esta la manera más práctica de monetizar, haz la observación precisa de cuál es el nicho en el que te vas a convertir en un gran experto, comienza a trabajar en el desarrollo de contenidos, de hecho crea haz tu agenda de contenidos pero de la manera más estratégica posible y ponla frente a tus ojos.

Así comienza ya a crear la disciplina necesaria y ya sea que decidas monetizar con publicidad por clic, por mil impresiones, bien sea Adsense mejor aún convertirte en un estratega del mundo on line desarrollando servicios web o la estrategia que sea, debes elaborar tu plan de trabajo como lo te lo hemos recomendado ya de manera sistemática pero comienza a generar dinero desde ya con internet con la menor inversión posible.

www.ingramcontent.com/pod-product-compliance
Lightning Source LLC
Chambersburg PA
CBHW031909200326
41597CB00012B/565